スイレン
ハンドブック

熱帯スイレンの一種

川島淳平 / 著

本書の使い方

◆スイレン科在来種・その他の浮葉植物　P.8～31

❶ **和名・漢字名・学名・所属・アイコン**：和名と漢字名及び学名は概ね『日本水草図鑑』（文一総合出版）に準拠したが、より新しい情報がある場合はそれを反映している。所属は科名と属名のみ表記。アイコンの見かたは右下参照。❷ **写真**：生育地での様子、葉や花の形状を示す写真などを掲載した。❸ **分布・花期**：北海道、本州、四国、九州、沖縄という区切りで分布地を示したが、一部局所的に分布する種類についてはこの限りではない。花期は、全国的に分布する種類については本州～九州の花期を基準としている。❹ **解説**：葉や花の特徴、その他の特記事項を記した。

アイコン説明（カラー表示のもの）

 … 主に水上に葉を広げた形態（抽水葉）で見られる。

 … 主に水面に葉を広げた形態（浮葉）で見られる。

 … 主に水中に葉を広げた形態（沈水葉）で見られる。

◆海外原産のスイレン　P.51～57

❶ **和名・学名・所属**：標準的に使用される和名がないものについてはアクアリウムの世界で主に使われる名称を表記。所属は科名と属名を表記した。❷ **写真**：生育地や栽培環境での姿、葉や花などの写真。❸ **解説**：葉や花の特徴の他、商品としての流通状況や栽培に関する特記事項など。分布地は国名、地域名、河川名を種類により適宜使用している。

各部・用語解説

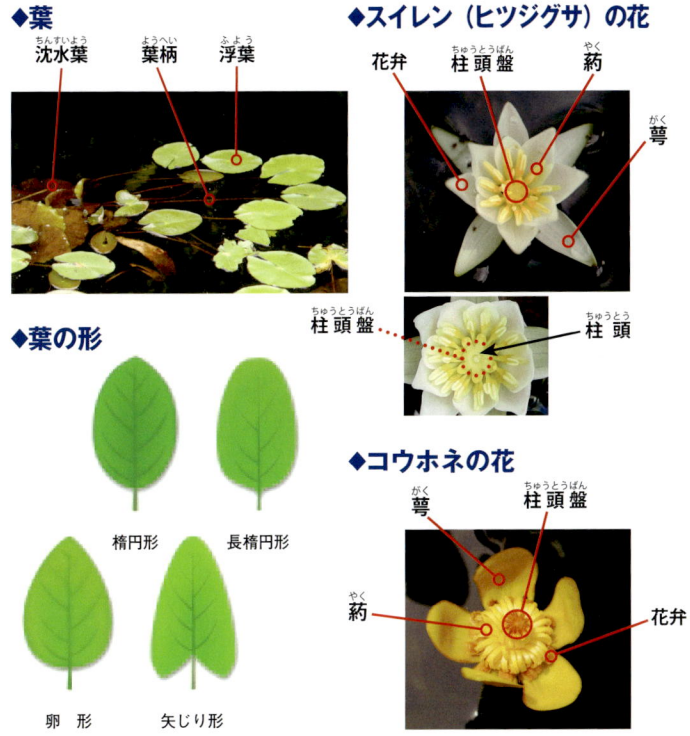

◆葉
沈水葉　葉柄　浮葉

◆葉の形
楕円形　長楕円形
卵形　矢じり形

◆スイレン（ヒツジグサ）の花
花弁　柱頭盤　葯　萼
柱頭盤　柱頭

◆コウホネの花
萼　柱頭盤
葯　花弁

- **亜種（あしゅ）**：生物の分類区分で、種の下位区分。同じ種でも形質に違いのある個体群。種の学名は 属名 - 種小名の順で表されるが（二名式命名法）、亜種がある種の場合は、属名 - 種小名の後に亜種名を記す（三名式命名法）。
- **一年草（いちねんそう）**：春に発芽し、開花、結実へ至り、冬に枯死する草本植物。
- **帰化植物（きかしょくぶつ）**：人為的に国外から持ち込まれ、野生化した元来日本にはなかった植物。
- **栽培品種（さいばいひんしゅ）**：食用や園芸での利用目的で、人工的に作り出された植物。本書では園芸種と同義的に用いた。
- **多年草（たねんそう）**：冬に葉などは枯れても根や地下茎は多年間生存しており、毎年春に再び葉を出し、開花、結実する草本植物。
- **両性花（りょうせいか）**：雄しべと雌しべが1つの花にあるもの。1つの花に雄しべ、雌しべの一方しかないものは単性花。
- **品種（ひんしゅ）**：学名記載は forma。形態の一部などが基準標本を含む同種個体群と明確に区別できる個体群。地方型など。
- **変種（へんしゅ）**：学名記載は var.。国際栽培植物命名規約では、亜種と品種の間に位置する分類階級。複数の形質において他の同種個体群と異なる変異型。

スイレンとは

熱帯スイレンの花が咲く植物園の池

　スイレンは漢字で睡蓮と書く。蓮の字はレンコンをとるハスを指す。つまり、睡眠をとる蓮という意味である。スイレンの花は1日の間で開閉をし、閉じている様子を寝ているとみたのだろう。日本在来のスイレンであるヒツジグサ(P.8)は、昼間に開花し、未の刻(午後2時)ごろに全開するため、この名となった。

　漢字でみるとスイレンとハスは同じ仲間のように考えがちだが、分類上は、それぞれスイレン科とハス科に属する別の植物である。在来種の中でスイレン科に属するのは、ヒツジグサの仲間、コウホネの仲間、オニバス(P.12)である。スイレン属の在来種は、ヒツジグサとその変種エゾベニヒツジグサ(P.10)のみである。

スイレンの見ごろ

　スイレンを含む浮葉植物の生育する環境はさまざまだが、ヒツジグサは田んぼや流れのある水路では普通見かけない。

湖や池沼、湿原の池塘など止水域と呼ばれる場所でよく見られる。

観察に適した時期は、やはり花の咲く初夏〜秋口ということになるだろう。ヒツジグサの花の見ごろは夏だが、寒い地域や高地では、平地と比べ花期は短くなる。北海道のヒツジグサはエゾベニヒツジグサの花期を参考にするとよいだろう。熱帯地域が原産である熱帯性スイレンの多くは花期の区別がほとんどなく、温室栽培を行っている植物園などでは、花を通年観賞することができる。

浮葉と沈水葉。スイレンの仲間は環境によって葉の形態を変化させる

環境の変化で姿を変える

陸上と比べ、変化が激しい環境で生活する水辺の植物たちは、姿を変えて環境の変化に適応する。水位の変動により、浮葉植物が抽水形や沈水形と呼ばれる姿になり、葉も気中または水中での生育に適した形態に変化し、同じ植物とは思えないほどに外見が変

本書で扱う水生植物の生育形態

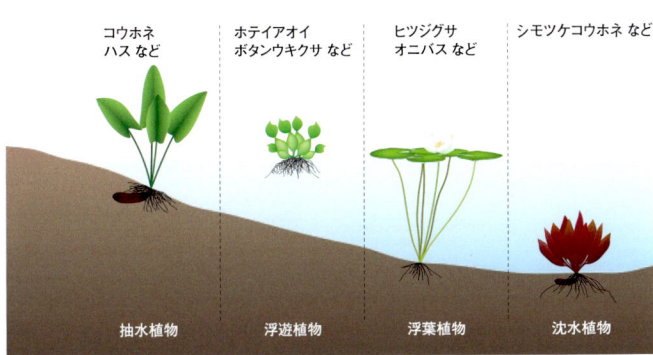

コウホネ ハス など / ホテイアオイ ボタンウキクサ など / ヒツジグサ オニバス など / シモツケコウホネ など

抽水植物 / 浮遊植物 / 浮葉植物 / 沈水植物

在来種と園芸種の区別が難しい例。ヒツジグサ(左)とヨーロッパ原産の *Nymphaea alba* を元にした園芸種"マリアセア アルビーダ"(右)の花。ヒツジグサの花は小振りである

上と同じくヒツジグサ(左)と"マリアセア アルビーダ"(右)の浮葉。表面と葉の厚みで識別ができる

白い花は園芸種。葉には模様が見られる。ジュンサイ(P.24)の中に混ざっているので、より分かり難い例

岸辺が他の植物で覆われ観察しにくい場所。いつもよい条件で観察ができるわけではない。無理して近づくことは禁物である

わる場合がある。本書では生育地で比較的よく目にする形態をアイコン表示したが、雨後などで水位が増して浮葉が水に浸かっているだけといったこともあり、慣れないと識別に苦しむこともあるだろう。

また、スイレンには海外原産の種を交配させた園芸種が多数存在し、在来のヒツジグサに非常によく似たものが野生化していることがあり、区別が難しい場合がある。

観察場所での注意点

湿地や池沼が主な観察地と

スイレンとは

1. 公園の池。よく園芸スイレンが植えられている　**2.** 湖。よい観察地だが、岸からかなり離れているところに生えていることがある　**3.** 山間の沼。自然が残された沼にはヒツジグサがよく見られる　**4.** ため池。大規模な改修工事をされると水生植物が消失してしまうことがある　**5.** 高層湿原に点在する大小の池（池塘）。場所によって登山の装備が必要である

なるが、木道などが整備された安全性の高い場所だけとは限らない。水辺であり、足場の悪い場所も多く、観察しにくいからといって無理に近寄らないことが大切である。目当ての植物が遠くにある場合は、双眼鏡が役に立つ。

観察に適した時期は虫が活発に活動する時期と重なる。スイレンの花には虫がよく集まるので、ハチなどには注意をしたい。山中の沼地では、ヒルが出ることもある。

本書で紹介した水草には絶滅危惧種も含まれる。これらの採取はいうに及ばず、湿地に立ち入ることなども慎み、生育地の環境保全を考えた観察を心掛けたい。草体を傷つけなくてはならないような、断面で判別する方法の記述も本書では極力控えた。

ヒツジグサ

未草　*Nymphaea tetragona*　　　　　　　　　　スイレン科スイレン属

群生地　8月　北海道

分布：北海道、本州、四国、九州　**花期**：6〜10月

【葉】沈水葉は非常に薄く、やじり形。浮葉は深緑色。楕円形か卵形で、葉柄部にまでおよぶ深い切れ込みがある。【花】花弁は白色で、12〜15枚。直径は3〜6cm。葯は黄色。萼片は4枚で緑色。正午前から開花がはじまり、未の刻(午後2時)ごろ全開する。花の開閉は2、3日繰り返される。花が終わると、花柄がコイルのようにねじれて、水中に沈む。【他】日本在来のスイレン。産地により葉や花の大きさに変化がある。大型で北海道と東北に産するエゾノヒツジグサはヒツジグサの変異の1つとされている。ヒメスイレン(P.34)などの園芸スイレンの元親となった。ヒツジグサは園芸スイレンに比べて概して花が小さく、葉が楕円形で模様がない。

スイレン科在来種

花　6月　岡山県

蕾　5月　滋賀県

花　7月　北海道

エゾノヒツジグサの花　8月　北海道

陸上形。干上がった時に見られる　8月　北海道

エゾベニヒツジグサ

蝦夷紅未草　*Nymphaea tetragona* var. *erythrostigmatica*　　スイレン科スイレン属

7月　北海道

分布：北海道　**花期：**6〜8月

【葉】沈水葉は非常に薄く、やじり形。浮葉は深緑色。楕円形か卵形で、葉柄部にまでおよぶ深い切れ込みがある。【花】花弁は白色で、8〜15枚。直径は5〜6cm。雄しべの柱頭と周辺の雄しべが赤紫色になる。萼片は4枚で緑色。正午前から開花がはじまり、未の刻（午後2時）ごろ全開する。【他】湖沼や湿原の池塘に生育している。ヒツジグサ（P.8）とは雄しべの色で区別できる。生育環境が急激に減っており、環境省レッドリストでは絶滅危惧Ⅱ類（VU）＝絶滅の危険が増大している種、北海道のレッドリストでは希少種（R）に指定されている。スイレン属の在来種はヒツジグサとこのエゾベニヒツジグサのみである。

スイレン科在来種

花　7月　北海道　　　　　蕾　7月　北海道

浮葉　7月　北海道

スイレン・浮葉植物と同所で見られる水生植物

•サジオモダカ
匙面高　オモダカ科サジオモダカ属
Alisma plantago-aquatica

分布…本州以北

湖沼や河川に生息する抽水性の多年草。主に寒地に分布する。名前はさじ状になる葉の形状に由来する。

•ミツガシワ
三槲　ミツガシワ科ミツガシワ属
Menyanthes trifoliata

分布…北海道、本州

寒冷地の湖沼や湿地に生息する抽水性の多年草。葉は3つの小葉からなり、名前はその姿がカシワの葉に似ていることにちなんでいる。

オニバス

鬼蓮　*Euryale ferox*

スイレン科オニバス属

群生地　8月　埼玉県

分布：本州、四国、九州　**花期**：8〜9月

【葉】全体がとげに覆われる。成葉はほぼ円形で、直径0.5〜1.5m。2mを超えることもある。表面は濃い緑色で艶がある。中心部から放射状に円錐状の皺脈(しゅうみゃく)ができ、底部から葉脈の岐路に1個ずつ特に太いとげが1列並ぶ。裏面は葉脈が顕著で、葉脈以外の部分は濃紫色で平滑。葉脈は黄褐色で、障子戸の骨状に隆起する。葉脈は中心部ほど高く、縁に向かい低くなり、中心部は高さ5cm、幅1cmにも及ぶ。初期の浮葉は基部に切れ込みがある楕円状で、ヒツジグサ(P.8)に似る。10数枚目の葉から円形になる。【花】紫色で、とげをもつ花茎(かけい)を伸ばす。果実は鋭いとげのある楕円形で、長さ5〜13cm、幅5〜10cm。種子は淡紅色の斑点をもつ寒天質の仮種皮(かしゅひ)につつまれる。【他】一年草。

スイレン科在来種

花茎にはとげがある　8月　埼玉県

花。水中で花弁を開かずに受粉する閉鎖花もあり、このように水面に出て咲くは開放花と呼ばれる　8月　埼玉県

葉を突き破って咲く花　8月　埼玉県

葉の表面。トゲが並んでいる　8月　岡山県

新しい葉　8月　岡山県

鬼蓮という名だが、分類上はハスではなく、スイレンの仲間。環境省レッドリストでは絶滅危惧Ⅱ類（VU）に指定されている。

コウホネ

河骨　*Nuphar japonicum*　　　　　　　　　　　スイレン科コウホネ属

群生地　8月　北海道

分布：北海道、本州、四国、九州　**花期**：6～10月

【葉】抽水葉は硬く、表面は光沢ある深緑色で無毛。裏面は淡い黄緑色で、中央の葉脈に沿って毛がある。抽水葉ならびに浮葉は、長卵形～楕円形で基部は矢じり形。沈水葉は薄く膜質で黄緑色。
【花】鮮やかな黄色で、直径は1～2cm。萼片は通常は5枚。花弁は萼片の内側に10数枚並んでいる。柱頭は柱頭盤から突き出て歯牙状。葯は濃黄色である。果実は緑色で、洋ナシのような形。水中で結実する。【他】湖沼、ため池、河川などに生育する多年草。日本のコウホネ属の中で最も大型になる。根茎が太く発達し、その先端から葉を出す。河骨の名は、葉柄が取れた痕が目立つ根茎が背骨に似ていることに由来する。また、萼が赤くなる変種ベニコウホネ *Nuphar japonicum* forma *rubrotinctum* が存在する。

スイレン科在来種

花　8月　北海道

抽水葉　8月　北海道

浮葉　7月　北海道

沈水葉　6月　岡山県

ベニコウホネの花　7月　栽培

根茎　8月　北海道

ベニコウホネの葉は赤みをおびる　6月　栽培

ネムロコウホネ

根室河骨　*Nuphar pumila*　　　　　　　　　　スイレン科コウホネ属

群生地　7月　北海道

花　7月　北海道

分布：北海道、本州北部　　**花期**：6〜8月

【葉】浮葉と抽水葉は円形に近い楕円形で、光沢がある。沈水葉は薄く膜状で、広卵形から円心形。【花】コウホネ (P.14) よりひと回り小さい。柱頭は15〜20と多く、尖らない。柱頭盤は黄色。【他】多年草。エゾコウホネとも呼ばれる。環境省レッドリストでは絶滅危惧Ⅱ類 (VU) に指定されている。

オゼコウホネ

尾瀬河骨　*Nuphar pumila* forma *ozeensis*　　　　スイレン科コウホネ属

群生地　7月　北海道

花　7月　北海道

分布：北海道、本州北部　　**花期**：6〜8月

【葉】浮葉と抽水葉は円形に近い楕円形で、光沢がある。【花】柱頭盤は鮮やかな赤色である。【他】多年草。ネムロコウホネの変種で、日本固有。名は尾瀬湿原で発見されたことに由来する。環境省レッドリストでは絶滅危惧Ⅱ類 (VU) に指定されている。

スイレン科在来種

ウリュウコウホネ
雨竜河骨　*Nuphar pumilum* var. *ozeense* forma *rubro-ovaria*　**スイレン科コウホネ属**

花　8月　北海道　　　　　　　子房と浮葉　8月　北海道

分布：北海道　**花期**：7〜8月

【葉】浮葉と抽水葉は円形に近い楕円形で、薄い。沈水葉は膜状で、広卵形から円心形。【花】オゼコウホネ(P.16)と同じ大きさ。子房(雌しべの下部の膨らんだ部分)が、オゼコウホネは緑色であることに対して、ウリュウコウホネは赤褐色である。【他】多年草。名は北海道の雨竜沼湿原に由来する。

スイレン・浮葉植物と同所で見られる水生植物

•スギナモ
杉菜藻　スギナモ科スギナモ属
Hippuris vulgaris
分布…中部地方以北

寒い地域の湖沼や池塘、河川に生息する抽水〜沈水性の多年草。沈水葉は水面上の葉に比べて薄くなる。

•ミズドクサ
水砥草　トクサ科トクサ属
Equisetum limosum
分布…本州以北

寒冷地の池沼や小川に生息する抽水性の多年草。ミズスギナという別名がある。外見はトクサ(スギナ)に似るが、大型になる。

ヒメコウホネ

姫河骨　*Nuphar subintegerrima*

スイレン科コウホネ属

浮葉　6月　岐阜県

花　6月　岐阜県

分布：本州中部　**花期**：5～9月

【葉】コウホネ（P.14）より小型。抽水葉と浮葉は、長卵形～楕円形で基部は矢じり形。沈水葉は薄く膜質で黄緑色。【花】柱頭は尖らず、柱頭盤は黄色く、円形。【他】多年草。現在、東海地方を中心に生育地がわずかに残るのみ。環境省レッドリストでは絶滅危惧Ⅱ類（VU）に指定されている。

サイコクヒメコウホネ

西国姫河骨　*Nuphar saikokuensis*

スイレン科コウホネ属

群生地　6月　岐阜県

花　6月　岐阜県

分布：本州中部以西　**花期**：5～9月

【葉】浮葉と抽水葉は円形で、ヒメコウホネより大型。【花】柱頭は尖らず、柱頭盤は黄色く、円形。【他】多年草。抽水葉をつけた段階でも多くの浮葉をつけている。コウホネ（P.14）に比べ浮葉の割合が大きい。最近、ヒメコウホネと分けられた。

スイレン科在来種

オグラコウホネ

巨椋河骨　*Nuphar shimadai* forma *oguraensis*

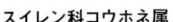
スイレン科コウホネ属

群生地　6月　岡山県

花　7月　兵庫県

分布：本州(近畿)以西　**花期**：5～10月

【葉】浮葉は広卵形で、長さ8～14cm。沈水葉は広卵形～円心形。葉柄の断面の中央部に小さな穴が開いている。【花】柱頭盤は黄色。柱頭が尖る。【他】多年草。抽水葉は滅多につくらない。環境省レッドリストでは絶滅危惧Ⅱ類(VU)に指定されている。

ベニオグラコウホネ

紅巨椋河骨　*Nuphar shimadai*

スイレン科コウホネ属

抽水葉　6月　栽培

花　7月　栽培

分布：本州中部以西　**花期**：5～9月

【葉】オグラコウホネに似て、浮葉は広卵形で、長さ8～14cm。沈水葉は広卵形～円心形。葉柄の断面の中央部に小さな穴が開いている。【花】柱頭盤が赤色である。【他】多年草。水深がごく浅い場合や渇水時には抽水葉を形成する。柱頭盤の色が名の由来。台湾北部を中心に分布するタイワンコウホネと同種である。

サイジョウコウホネ

西条河骨　*Nuphar japonicum* var. *saijoense*

スイレン科コウホネ属

8月　広島県

花　7月　広島県

分布：広島県　**花期：**6〜10月

【葉】ベニオグラコウホネ（P.19）に比べると長楕円形に近くなり、葉の裏には短毛がある。【花】柱頭の形はコウホネ（P.14）と同じであるが、柱頭盤が赤い。【他】多年草。コウホネとベニオグラコウホネの雑種と考えられ、両種の特徴を合わせもつ。広島県の西条盆地で発見された。

スイレン・浮葉植物と同所で見られる水生植物

•オオフサモ

大房藻　アリノトウグサ科フサモ属
Myriophyllum aquaticum

分布…本州以西

日本にはフサモの仲間が5種ほど生育している。いずれの種も抽水〜沈水性であるが、オオフサモは抽水性が強い。南米原産の帰化植物。

•タチモ

立藻　アリノトウグサ科フサモ属
Myriophyllum ussuriense

分布…本州、四国、九州

抽水〜沈水性のフサモの仲間。水面上の葉は、日本に生育する他のフサモの仲間と異なり線状になる。

シモツケコウホネ

下野河骨　*Nuphar submersa*

スイレン科コウホネ属

8月　栃木県

花　8月　栃木県 　　　　沈水葉　9月　栃木県

分布： 栃木県　**花期：** 6〜9月

【葉】沈水葉は狭長い。葉柄の断面には穴が開いている。【花】ベニオグラコウホネ (P.19) に似て、柱頭盤が赤い。【他】多年草。沈水葉のみで生育する。果実が赤く、他のコウホネとの識別点

果実　9月　栃木県

となる。水路・小川に生育し、環境省レッドリストでは絶滅危惧IA類（CR）＝ごく近い将来における野生での絶滅の危険性が極めて高いものに指定。本種とコウホネの雑種とされるナガレコウホネ *Nuphar × fluminalis* が定着している地域がある。

ハス

蓮　*Nelumbo nucifera*

ハス科ハス属

群生地　8月　兵庫県

分布：本州、四国、九州　**花期：**6〜9月

【葉】円形で、白みをおびた明るい緑色。直径は60〜70cmにもなる。抽水葉は高さが1〜2mになり、中央がくぼみ、杯のようになる。葉柄にはとげ状の突起がある。【花】直径は20cmを超える。花弁の色は淡紅色から白色で、らせん状に配列している。花弁数は20〜25枚。萼片は4〜6枚。【他】多年草。抽水葉の状態がほとんどで、浮葉は少ない。晩夏から秋にかけ、新しい葉が出止まると、泥中の根茎の節が肥大し、これがレンコン（蓮根）となる。レンコンの穴は通気道であり、泥の中深くにある根茎まで空気を供給している。食用のハスは、根茎がより太く改良されている。蓮の字はハチスという読みもあり、ハチスから転じでハスなったと言われる。果実の寿命は非常に長く、大賀ハス（古代ハス）は2千年以上昔の果実から発芽した。花を観賞するために、数多くの栽培品種が作られている。葉柄のとげは鋭く、むやみにさわるのは危険。

その他の浮葉植物

春〜初夏、根茎の節から葉柄を伸ばし、水面に葉を出し始める　4月　神奈川県

葉の表面は水をよくはじく　6月　神奈川県

花茎を水面から突き出し、その先端に1個の花をつける　6月　神奈川県

花は早朝に開き、午後になると閉じる　7月　神奈川県

花は開閉を3〜4日間繰り返し、やがて花弁と雄しべが落ちる　8月　神奈川県

果実が発達している。花後、花床は肥大して果床となる　8月　神奈川県

基部から折れ曲がり、硬い皮をもった果実が落ちる　9月　神奈川県

ハチス＝蓮の語源となった蜂の巣状の果床が残る　9月　神奈川県

ジュンサイ

蓴菜　*Brasenia schreberi*

ハゴロモモ科ジュンサイ属

群生地　7月　北海道

分布：北海道〜沖縄　**花期**：6〜8月

【葉】浮葉は楕円形で、長さ5〜15㎝、幅3〜8㎝。表面は黄緑色で、裏面は紫みをおびている。ヒツジグサ（P.8）の浮葉に似るが、切れ込みがない。【花】花弁は紫色。スイレンやコウホネと異なり、小さく目立たない。【他】湖沼やため池に生える多年草。ヒツジグサと同所で見られることが多い。ジュンサイ属はかつてスイレン科に含まれていたが、現在はハゴロモモ科に分類されている。食用にされる若芽は寒天のような粘膜で覆われてぬるっとしている。生育地は減少しているが、食用ジュンサイを栽培するジュンサイ田がある。

若芽　7月　福島県

その他の浮葉植物

花　7月　福島県

浮葉　5月　滋賀県

ジュンサイ採りの様子　7月　福島県

食用にされるジュンサイの若葉

スイレン・浮葉植物と同所で見られる水生植物

・ミズキンバイ
水金梅　アカバナ科チョウジタテ属
Ludwigia adscendens

分布…本州以西

水辺に群生するが、生育地は少ない。抽水～浮葉性の多年草。初夏から初秋にかけて、黄色い花を咲かせる。

・ミズユキノシタ
水雪之下　アカバナ科チョウジタテ属
Ludwigia ovalis

分布…本州、四国、九州

ため池や水路、湿地などに生育する。水に完全に沈んだ状態によく適応する。

ハゴロモモ

羽衣藻　*Cabomba caroliniana*

ハゴロモモ科ハゴロモモ属

群生地　7月　岡山県

花　5月　栽培（屋内）

分布：本州〜九州　**花期**：7〜10月

【葉】沈水葉は基部から3〜5回2裂し、房状。浮葉は小さく、開花時に見られる。【花】白く、花径は1〜1.5cm。【他】多年草。北アメリカ原産の帰化植物。ハゴロモモ属は、ジュンサイ属と同様に、以前はスイレン科に属していた。沈水葉の様子からフサジュンサイという別名がある。キンギョモの名でも盛んに販売されている。

トチカガミ

鼈鏡　*Hydrocharis dubia*

トチカガミ科トチカガミ属

浮葉　6月　埼玉県

単性花である　7月　埼玉県

分布：本州〜沖縄　**花期**：7〜10月

【葉】円形で光沢がある。浮葉の裏に空気を蓄えた膨らみがあるが、抽水葉には見られない。【花】白く、3枚の花弁からなる。【他】多年草。鼈はスッポンの意味で、鏡とともに葉の形質に由来する。環境省レッドリストでは準絶滅危惧（NT）＝生育条件の変化次第で絶滅の恐れがある種に指定。

その他の浮葉植物

アサザ
浅沙　*Nymphoides peltata*

ミツガシワ科アサザ属

群生地　7月　茨城県

日中に1日花をつける　5月　滋賀県

分布：北海道〜九州　**花期**：5〜9月

【葉】浮葉は円形ないし卵形で、基部に達する深い切れ込みがある。縁は波状の鋸歯(きょし)をつける。葉脈は明瞭。【花】鮮やかな濃黄色である。【他】多年草。群生地では、水面が黄色く染まるほどの花が見られる。名は水深の浅い場所に生育していることに由来する。環境省レッドリストでは準絶滅危惧（NT）に指定されている。

ヒメシロアサザ
姫白浅沙　*Nymphoides coreana*

ミツガシワ科アサザ属

浮葉　7月　滋賀県

花は葉柄基部に束生する　8月　埼玉県

分布：本州〜沖縄　**花期**：7〜9月

【葉】浮葉は円心形または卵心形で、基部に達する深い切れ込みがある。長さ2〜6cm。表面は葉脈が目立ち、紫褐色の斑状模様が現れる。【花】白く、直径8mmほど。花弁の縁にのみ白毛がある。【他】多年草。ガガブタ（P.28）に似るが、小さい。環境省レッドリストでは絶滅危惧Ⅱ類（VU）に指定。

ガガブタ

鏡蓋　*Nymphoides indica*

ミツガシワ科アサザ属

群生地。手前はヒシの仲間の浮葉　5月　滋賀県

斑状模様が現れた浮葉と花　8月　岡山県

分布：本州〜九州　**花期**：7〜9月

【葉】浮葉は円心形または卵心形で、縁は波打たない。基部に達する深い切れ込みがある。葉脈が目立ち、紫褐色の斑状模様が現れる。【花】花弁は白く、内側に多数の白毛がある。葉柄の基部に束生(そくせい)する。【他】多年草。環境省レッドリストでは準絶滅危惧(NT)に指定。北米原産のハナガガブタ *N.aquatica* が水槽栽培向けに流通し、逸出由来のものが野生化している。

スイレン・浮葉植物と同所で見られる水生植物

•オモダカ
面高 オモダカ科オモダカ属
Sagittaria trifolia

分布…北海道〜沖縄

湖沼、ため池、水田などに生える抽水性の多年草。食用にされるクワイは塊茎(かいけい)が大型化した変種である。夏季に白い花を輪生につける。

•アギナシ
顎無 オモダカ科オモダカ属
Sagittaria aginashi

分布…北海道、本州、四国、九州

水田、湖沼、ため池などに生える抽水性の多年草。葉はオモダカに酷似する。産地はオモダカに比べ少ない。

その他の浮葉植物

ミズヒナゲシ

水雛芥子　*Hydrocleys nymphoides*　　キバナオモダカ科ミズヒナゲシ属

8月　栽培

花。1日1個ずつ次々と咲かせる　海外(ボリビア)

分布：不明（定着はしていないと思われる）　**花期**：7～10月

【葉】円心形で、抽水葉と浮葉は光沢をもつ。【花】ヒナゲシに似る。黄色い3枚の花弁をつける。【他】中南米原産の多年草。つる性で茎は水面ないし水中を横に伸び、節より葉と根をだす。観賞用として流通し、夏季に池やスイレン鉢に植えて楽しむことができる。英名のウォータポピーで呼ばれることもある。

•マルバオモダカ

丸葉面高　オモダカ科マルバオモダカ属
Caldesia parnassifolia
分布…北海道～九州

水深が深い場所では、よく浮葉をつける。浅水では、抽水葉を展開する。環境省レッドリストでは絶滅危惧種Ⅱ類(VU)に指定。

•ヘラオモダカ

箆面高　オモダカ科サジオモダカ属
Alisma canaliculatum
分布…北海道～沖縄

湖沼などに生える抽水性の多年草。広く分布域しており、いくつかの地域変異が知られている。

ヒシ

菱　*Trapa japonica*

ヒシ科ヒシ属

群生地　7月　岡山県

浮葉と花　7月　岡山県

分布：北海道〜沖縄　**花期：**7〜10月

【葉】長さは2〜5cm、幅は3〜8cm。浮葉は互生で、茎頂部を中心に放射状に生える。外側の葉ほど根の近くから生え、葉柄が長い。葉柄には膨らみがある。【花】白く小さい。花弁は4枚。【他】一年草。果実は水中でつくられる。

果実は2本のとげがある

スイレン・浮葉植物と同所で見られる水生植物

•ノタヌキモ

野狸藻　タヌキモ科タヌキモ属
Utricularia aurea
分布…本州以西

水生の食虫植物。タヌキモの仲間は葉が密になる種から荒い種まである。一部を除きほとんどの種が小さな黄色い花を水面から上げる。

•ヤマトミクリ

大和実栗　ミクリ科ミクリ属
Sparganium fallax
分布…本州以西

ミクリの仲間は日本におおよそ10種が分布するが、判別は難しい。ミクリの名は果実が栗のイガのようになることにちなんでいる。

その他の浮葉植物

オニビシ
鬼菱　*Trapa natans var. japonica*

ヒシ科ヒシ属

群生地　8月　兵庫県

果実のとげは4本

分布：本州、四国、九州　**花期**：7〜10月

【葉】長さは3〜6cm、幅4〜9cm。浮葉は互生で、茎頂部を中心に放射状に生える。概してヒシよ

ヒシモドキ　8月　岡山県

りも大型になるが、環境により変わる。【花】白く小さい。花弁は4枚。【他】一年草。果実は水中でつくられる。ヒシ属は他に、コオニビシ、トウビシ、ヒメビシが分布する。また、葉の形が似ているヒシモドキ *Trapllaceae sinensis*（ヒシモドキ科ヒシモドキ属）が存在する。

ヒルムシロ
蛭蓆　*Potamogeton distinctus*

ヒルムシロ科ヒルムシロ属

浮葉　6月　滋賀県

花序　7月　滋賀県

分布：北海道〜沖縄　**花期**：6〜10月

【葉】浮葉は概ね長楕円形。【花】穂状（花穂）。【他】多年草。ヒツジグサの生育地で見ることが多い。似た種が多く、雑種も多い。

園芸スイレン

近ごろ、スイレン栽培が身近になり、春先から盛夏にかけ園芸店で見かける機会が増えた。色とりどりの花が楽しめる熱帯性スイレンも、最近は多く流通するようになった。ここでは代表的な園芸種を紹介したい。

園芸種は原種をもとに主に欧米で改良されてきた歴史があり、19世紀後半にはいくつもの著名な品種が作り出されている。フランスの画家クロード・モネが『睡蓮』を制作したのはこの直後のことだ。

園芸種は栽培の面から、耐寒性がない熱帯性スイレンと、耐寒性がある耐寒性スイレンに分けられている。耐寒性スイレンとは温帯(性)スイレンのことだが、温帯スイレンの呼称の方が広く使われており、本書では併記した。越冬栽培に保温が必要な品種が熱帯性スイレン、屋外でも保温をせずに越冬が可能なのが耐寒(温帯)性スイレンと認識してもらえればよい。

熱帯性スイレン

文字通り熱帯から亜熱帯地域原産の種または、その原種を元親に交配した品種を指す。生息地により、ある程度の耐寒性がある種も存在する。熱帯性スイレンには、日中に花を咲かせる昼咲きと、夕暮

園芸スイレンを生産する海外の植物ファーム(タイ)

園芸種の作出は欧米や東南アジアで盛んである。花弁に斑があるイスラモラダなどを作出しているFlorida Aquatic Nurseries社(米国)

園芸スイレン

熱帯性スイレン(左)と耐寒(温帯)性スイレン(右)の葉

頃から花が開き、夜間に咲く夜咲きがある。

　花の色は、赤、ピンク、黄、青、紫、白の原色に近いものから、それらの中間色まで多彩である。花の形も豊富で、喜心(P.39)など雄しべが花弁化した八重咲や、イスラモラダ(P.38)のような花びらに斑がはいったもの、萼片が肥大化したナン クワック パープル(P.48)などがある。

耐寒(温帯)性スイレン

　温帯から寒帯地域に生息している種または、その原種を元親に交配した品種。花は昼咲きのみで、色は、赤、ピンク、黄、白。耐寒(温帯)性スイレンには、小型に改良されたヒメ(姫)スイレンがある。ヒメスイレンは特定の品種の名称ではなく、小型種の総称として使われている。

　日本の環境にも適応しやすく、野外への放流は特に慎むべきだ。

熱帯性スイレンには夜に花が咲く種がある。写真は"プライド オブ カルフォルニア"

- **ヒメスイレン**
Nymphaea sp.
耐寒（温帯）性
昼咲き

- **ヒメスイレン**
Nymphaea sp.
耐寒（温帯）性
昼咲き

- **マリアセア アルビーダ**
Nymphaea sp.
'Maliacea Albida'
耐寒（温帯）性
昼咲き

- **マリアセア クロマティラ**
Nymphaea sp.
'Marliacea Chromatella'
耐寒（温帯）性
昼咲き

園芸スイレン

● **アンドレアナ**
Nymphaea sp.
'Andreana'
耐寒(温帯)性　昼咲き

● **レイデケリ ロゼア**
Nymphaea sp.
'Laydekeri Rosea'
耐寒(温帯)性　昼咲き

● **アフター グロー**
Nymphaea sp.
'After Glow'
熱帯性　昼咲き

● **アルバード グリーンバーグ**
Nymphaea sp.
'Albert Greenberg'
熱帯性　昼咲き

- **グリーン スモーク**
Nymphaea sp.
'Green Smoke'
熱帯性　昼咲き

- **クリント ブライアント**
Nymphaea sp.
'Clint Bryant'
熱帯性　昼咲き

寺院の池に咲くスイレン

　菩薩像や如来像の台座を蓮華座と呼び、蓮の花がかたどられた彫刻が施されている。泥の中から美しい花を咲かせることから、蓮は仏教では煩悩＝泥に染まらぬ清らかさの象徴とされ、特別な存在である。ヒンドゥー教においても神聖な花とされている。

　学問ではハスとスイレンはそれぞれ別の花とされているが、宗教的にはその違いがはっきりとされていたわけではないようで、東南アジアでは睡蓮を仏花としてお供えする国がある。寺院の前にはたいてい池があり、お供えにする色とりどりのスイレンが栽培されている。よく白い菊が供えられる日本と異なり、白いスイレンが供えられることはない。用いられるのは、鮮やかなピンク、青、黄色といった原色に近い色のスイレンだ。ちなみにスリランカやインドでは蓮を国花とし、タイなどでは睡蓮を国花としている。

寺院の池に咲くスイレン（スリランカ）

園芸スイレン

- **エル ドラド**
Nymphaea sp. 'El Dorado'
耐寒(温帯)性　昼咲き

- **エベリン ランディング**
Nymphaea sp. 'Evelyn Randing'
耐寒(温帯)性　昼咲き

- **ブルー ビューティ (ペンシルバニア)**
Nymphaea sp. 'Blue Beauty (Pennsylvania)'
熱帯性
昼咲き

- **ドーベン**
Nymphaea sp. 'Dauben'
熱帯性
昼咲き

● **ティナ**
Nymphaea sp. 'Tina'
熱帯性
昼咲き

● **イスラモラダ**
Nymphaea sp.
　　'Islamarada'
熱帯性
昼咲き

● **イザベラ プリング**
Nymphaea sp.
　　'Isabelle Pring'
熱帯性
昼咲き

● **キング オブ ザ ブルース**
Nymphaea sp.
　　'King of the Blues'
熱帯性
昼咲き

園芸スイレン

•**喜心**
Nymphaea sp. 'Kishin'
熱帯性
昼咲き

•**レオパルデス**
Nymphaea sp. 'Leopardes'
熱帯性　昼咲き

スイレン・浮葉植物と同所で見られる水生植物

•**イボクサ**
疣草　ツユクサ科イボクサ属
Murdannia keisak
分布…北海道〜沖縄

一年草。花期は8〜10月。ピンク〜淡紫色の小さい花を咲かせる。九州南部以西には淡い青紫色の花をつけるシマイボクサが自生している。

•**デンジソウ**
田字草　デンジソウ科デンジソウ属
Marsilea quadrifolia
分布…北海道〜沖縄

水生のシダ類。抽水〜浮葉性の多年草。四葉のクローバーのような葉をもつ。九州南部と沖縄には、やや小型のナンゴクデンジソウが自生している。

- **ミセスG.H.プリンス**
Nymphaea sp.
'Mrs. G.H. Prins'
熱帯性　昼咲き

- **ドウベニアナ**
Nymphaea sp.
'Daubeniana'
熱帯性　昼咲き

- **アトラクション**
Nymphaea sp.
'Attraction'
耐寒(温帯)性　昼咲き

- **紫式部**
Nymphaea sp.
'Murasakishikibu'
熱帯性　昼咲き

園芸スイレン

- **ピンク パール**
Nymphaea sp.
'Pink Pearl'
耐寒(温帯)性　昼咲き

- **ピンク プラッター**
Nymphaea sp.
'Pink Platter'
耐寒(温帯)性　昼咲き

- **マイアミ ローズ**
Nymphaea sp.
'Miami Rose'
熱帯性　昼咲き

- **みずの森**
Nymphaea sp.
'Mizu-no-Mori'
熱帯性
昼咲き

- **ウッズ ブルー ゴッデス**
Nymphaea sp.
'Wood's Blue Goddess'
熱帯性
昼咲き

- **ホワイト ディライト**
Nymphaea sp.
'White Delight'
熱帯性　昼咲き

- **コロラド**
Nymphaea sp.
'Colorado'
耐寒(温帯)性　昼咲き

- **ローラ フレイス**
Nymphaea sp.
'Laura Frase'
熱帯性
昼咲き

園芸スイレン

•ホワイト パール
Nymphaea sp.
'White Pearl'

熱帯性　昼咲き

•トレイル ブレザー
Nymphaea sp.
'Trail Brazer'

熱帯性
昼咲き

スイレン・浮葉植物と同所で見られる水生植物

•カンガレイ
寒枯藺 カヤツリグサ科ホタルイ属
Shoenoplectus mucronatus
分布…北海道〜沖縄

カヤツリグサ科に属するイやウキヤガラの仲間には多くの抽水性植物が含まれる。カンガレイは池沼などの水辺でよく見られる。

•ガマ
蒲 ガマ科ガマ属
Typha latifolia
分布…北海道〜沖縄

ガマの仲間は大型の抽水性の多年草。日本には3種が分布する。穂（花穂。穂のような形の花）は、上方が雄性花穂（ゆうせいかすい）、下方が雌性花穂（しせいかすい）となる。

● **キング オブ サイアム**
Nymphaea sp.
'King of Siam'
熱帯性　昼咲き

● **ディレクター G.T. ムーア**
Nymphaea sp.
'Director George T. Moore'
熱帯性　昼咲き

● **クィーン オブ サイアム**
Nymphaea sp.
'Queen of Siam'
熱帯性　昼咲き

● **ミセス G.L. ヒッチコック**
Nymphaea sp.
'Mrs. George L. Hitchcock'
熱帯性
夜咲き

園芸スイレン

● **スター オブ サイアム**
Nymphaea sp.
'Star of Siam'
熱帯性　昼咲き

● **ジェネラル パーシング**
Nymphaea sp.
'General Pershing'
熱帯性
昼咲き

スイレン・浮葉植物と同所で見られる水生植物

● **ホテイアオイ**
布袋葵　ミズアオイ科ホテイアオイ属
Eichhornia crassipes
分布…東北地方以南

花

南米原産の多年草。浮遊性。湖沼、河川で見られるほか、青紫色の美しい花をつけるので夏季に観賞用によく販売される。葉柄の中央部が膨らみ、浮力を得る。浅い場所や湿地で、土に根を下ろしている状態では、この膨らみが消える。

- **ムーン ビーム**
Nymphaea sp.
'Moon Beam'
熱帯性　昼咲き

- **セントルイス**
Nymphaea sp.
'St. Louis'
熱帯性　昼咲き

- **ダスティン ホリエ**
Nymphaea sp.
'Dustine Horie'
熱帯性　昼咲き

- **スターティバンティ**
Nymphaea sp.
'Sturtevantii'
熱帯性
夜咲き

園芸スイレン

- **ジュノー**
  Nymphaea sp. 'Juno'
  熱帯性
  夜咲き

- **プライド オブ カリフォルニア**
  Nymphaea sp. 'Pride of Carifornia'
  熱帯性
  夜咲き

スイレン・浮葉植物と同所で見られる水生植物

- **ボタンウキクサ**
  牡丹浮草 サトイモ科ボタンウキクサ属
  Pistia stratiotes

  分布…関東以西

  花（矢印）

多年草。熱帯アフリカ産の帰化植物で、特定外来生物に指定されている。株がボタンの花に似ているのが和名の由来であるが、その外見から、ウォーターレタスとも呼ばれている。毛を密生させた小さな目立たない白い花を、基部の葉間につける。耐塩性があり、スイレンが見られないような河口近くでも見ることができる。

- **ナン クワック パープル**
Nymphaea sp.
  'Nang Kwak Purple'
熱帯性
昼咲き

- **ピンク ゴッデス**
Nymphaea sp.
  'Pink Goddes'
熱帯性　昼咲き

- **ホワイト ゴッデス**
Nymphaea sp.
  'White Goddess'
熱帯性　昼咲き

- **エレクトラ**
Nymphaea sp. 'Electra'
熱帯性
昼咲き

園芸スイレン

- **アンタレス**
Nymphaea sp. 'Antares'
熱帯性
夜咲き

- **レッドフレア**
Nymphaea sp. 'Red Flare'
熱帯性
夜咲き

スイレン・浮葉植物と同所で見られる水生植物

- **オオアカウキクサ**
大赤浮草 アカウキクサ科アカウキクサ属
Azolla japonica

分布…本州以西

水路、水田、池沼に産する小型の浮遊性シダ植物。よく見るウキクサよりも大型であり、表面は突起が目立つ。冬は赤みをおび、夏は緑色になる。類似種のアカウキクサ *Azolla pinnata* は全体がほぼ三角形になり、オオアカウキクサよりも突起が目立たない。

- **パメラ**
  Nymphaea sp. 'Pamela'
  熱帯性
  昼咲き

- **インナー ライト**
  Nymphaea sp.
    'Inner Light'
  耐寒(温帯)性　昼咲き

- **スノー ボール**
  Nymphaea sp.
    'Snow Ball'
  耐寒(温帯)性　昼咲き

- **ニンファエア ギガンティア 'アルバート デレスタング'**
  N. gigantea
    'Albert de Lestang'
  熱帯性
  昼咲き

海外原産のスイレン

ニンファエア コロラタ

スイレン科スイレン属　*Nymphaea tetragona*

浮葉（栽培）　　　　　　　　　　花（栽培）

分布：熱帯東アフリカ

昼咲きの熱帯スイレン。小型で、葉の直径は 15 〜 25 ㎝。葉の表面は緑色であるが、裏面は青紫色。花弁の色は、株により青色から段階的に白色に近い紫色と変化に富む。変異が多く、低温への耐性があるので、数多くの改良品種の元親として使われている。花を続々とつけるので、長い間花を楽しむことができる。

ニムファエア カペンシス ザンジバリエンシス 'ロゼア'

スイレン科スイレン属　*Nymphaea capensis* var. *zanzibariensis* 'Rosea'

浮葉（栽培）　　　　　　　　　　花（栽培）

分布：熱帯東アフリカ

昼咲きの熱帯スイレン。葉の表面は緑色で、模様はあまり見られない。淡青色の花弁をもつ *Nymphaea capensis* var. *zanzibariensis* の品種で、花弁の色は濃いピンクから赤紫になる。葯も花弁と同様に濃いピンク色である。青色系とピンク系とも数多くの園芸品種の元親として用いられている。カペンシス、またはカペンシスの名がついて流通する株には原種も含まれるが、ほとんどが栽培品種である。

ニンファエア ロータス

スイレン科スイレン属　*Nymphaea lotus*

浮葉（ギニア）

沈水葉が赤い変異種（ギニア）

沈水葉（水槽内）

分布：熱帯アフリカ、北アフリカ

夜咲きの熱帯スイレン。浮葉の直径は35〜45cmになる。鋸葉であり、革質。花弁は白色である。大型かつ熱帯性であるため、栽培にはそれなりの設備が必要。植物園で見ることができるが、アクアリウムで沈水葉を観賞する目的で栽培もされている。沈水葉は斑紋が目立つため、本種はタイガーロータスの流通名をもつ。花が赤い変異も存在し、以前は別種に分けられていた。

花（栽培）

赤い花をつけるタイプ（栽培）

海外原産のスイレン

ニンファエア ギガンティア

スイレン科スイレン属　*Nymphaea gigantea*

浮葉（栽培）　　　　　　　花（栽培）

分布： オーストラリア、パプアニューギニア
昼咲きの熱帯スイレン。自然下では深い水深と泥土を好む。学名の *gigantea* は巨大という意味。条件がよいと直径75cmになる浮葉をつける。花も巨大で、環境がよいと直径25cmにもなる。内側の花弁は薄い青紫色または白色で、外側の花弁は濃い青紫色になる。雄しべは鮮やかな黄色。栽培品種の元親として盛んに用いられている。

ニンファエア スルフレア

スイレン科スイレン属　*Nymphaea sulphurea*

浮葉と花（栽培）　　　　　花（栽培）

分布： 南アフリカ、中央アフリカ
昼咲きの熱帯小型スイレン。葉の大きさは直径5〜15cmほど。1〜1.5cm幅の切れ込みが深く入る。花弁は鮮やかな黄色で、葯も黄色である。花の直径は5〜7cm。萼片は長さ2〜3cm、幅1〜1.5cm。内側が黄緑色である。ポピュラーな黄色い花の原種スイレンで、熱帯スイレンとしては低温への適応力がある。

ニンファエア オキシペタラ

スイレン科スイレン属　*Nymphaea oxypetala*

沈水葉（ブラジル・マットグロッソ州）

花（栽培）

沈水葉（水槽内）

分布：ベネズエラ、ブラジル

夜咲きの熱帯スイレン。浮葉をつくらないという他のスイレン属の植物にない性質がある。自然下では、浮葉をもつスイレンが見られないような、流れの速い河川にも生育している。葉の基部は顕著な矢尻形で、直径15〜30cmになる。沈水葉の状態で花柄を水上に出し、花を咲かせる。花弁は白色。アクアリウム向けに導入され、葉の形からラビットイヤーロータスという流通名をもつ。

海外原産のスイレン

ニンファエア ミクランタ

スイレン科スイレン属　*Nymphaea micrantha*

浮葉と花(ギニア)　　　　　　　沈水葉(水槽内)

分布: 西アフリカ

昼咲きの熱帯スイレン。小型のスイレンで、浮葉は直径最大 20 ㎝程度。沈水葉は、緑、赤、褐色が混ざる複雑な模様をもつ。花弁は白色であるが、青みがかる株も確認されている。花弁の長さは 5 ㎝ほど。アクアリウム向けに導入され、同じような複雑な模様の沈水葉をもつ他の栽培品種と混同され売られていることがある。花弁が青くなる株も別種か、交雑種の可能性が高い。本種は園芸種イスラモラダ (P.38) の元親になった。

ニンファエア メキシカーナ

スイレン科スイレン属　*Nymphaea mexicana*

浮葉(栽培)　　　　　　　　　花(栽培)

分布: 北米大陸南部

昼咲きの亜熱帯産のスイレン。低温にもある程度適応する。花弁は黄色であり、数多くの黄色の栽培品種の元親として使われている。葉の直径は 15 〜 25 ㎝。葉の表面は緑色であるが、薄く褐色の模様が入るものがある。葉裏には褐色の斑模様がある。

アマゾンオオオニバス

スイレン科オオオニバス属　*Victoria amazonica*

生育地（ブラジル・アマゾナス州）

葉の表面（栽培）

葉の切れ込み（栽培）

分布：南米大陸中央〜北西部

葉縁（ようえん）が立ち上がり、たらいのような格好をしている。浮葉の1箇所に排水のための切れ込みがある。葉裏や葉柄にとげがあるが、日本のオニバス（P.12）と異なり表面にはとげがない。本種は世界最大の浮葉をもつことで知られ、その直径は1.5〜2.5mになる。夜咲きで、開花した初日の花は白く、2日目の花は濃いピンク色に変化する。

花（ブラジル・アマゾナス州）

海外原産のスイレン

パラグアイオオオニバス

スイレン科オオオニバス属　*Victoria cruziana*

生育地（ブラジル・マットグロッソ州）

葉（栽培）

開花した初日の花（ブラジル・マットグロッソ州）

分布：南米大陸パラグアイ川中〜下流域

アマゾンオオオニバス (P.56) によく似ているが、やや小型で、葉縁の立ち上がりは低い。本種の方が萼にはとげが少ないので、蕾を見ると見分けやすい。アマゾンオオオニバスよりも南方の寒い地域にまで分

2日目の花（ブラジル・マットグロッソ州）

布しているので、低温に強く、植物園などでは本種のほうがよく栽培されている。夜咲きで、開花した初日の花は白く、2日目の花弁の色はピンク色だが、アマゾンオオオニバスと色合いが異なる。

スイレンの栽培

シーズンになると、店頭にはさまざまなスイレンが並ぶ

　家庭でのスイレン栽培には市販されている品種が適している。野生種については、栽培環境に適応させることが難しく、生息地の保全のためにも、採集することを含め薦められない。また、熱帯性スイレン、耐寒（温帯）性スイレンとも、野外への遺棄は慎むべきである。

　春になると耐寒（温帯）性スイレンがまず店頭に並び、気温が高くなるにつれて熱帯性スイレンが並ぶ。最近は、小さい鉢でも栽培を楽しむことができるヒメスイレン（P.34）が好まれるようだ。熱帯性スイレンは大型種が多く、屋外で越冬ができないが、花の色が豊富であり、最近目にする機会が増えきた。

容器と設置場所

　シーズンになると、さまざまなスイレン鉢が販売されるが、スイレン鉢のような口が広い、つまりスイレンの葉が光を受けやすい形の容器であれば、プラスチック製の衣装ケースなどでも栽培可能だ。しかし熱の伝導を抑える（特に夏場の水温の上昇を防ぐ意味で）といった点では、陶器製のスイレン鉢が適している。

スイレンの栽培

スイレン鉢栽培例

　株は、容器の底に直に用土を敷いて植えるより、植木鉢などに植えたほうがよい。用土の量を少なくできることに加えて、植え替えなどの管理が楽になること、また根への水の通りもよくなる。植える際は、かならず成長点を上に植える。

　また、根が広く張るとそれだけ大株になるので、鉢のサイズを調節すれば、ある程度株の大きさを調整することができる。

　スイレンの育成には多くの光が必要なので、日当たりのよい場所に置くようにする。

用土

　浮葉をつけたスイレンの株は浮きやすいので、比重の重い用土が植えやすい。また、粘土質のものがよく、田土の名で売られているものが適している。川砂でも栽培は可能だが、田土に比べると、成長はよくないとされる。砂を使う場合は、水質に影響を与えないものを選ぶ。赤玉土は、植えた株が浮かないように粒を潰し、植える前に水につけて、アク抜きをしておく。

　田土は水の濁りが目立つので、水槽栽培ではアクアリウム向けの用土であるソイルを用いるとよい。高価だが、肥料を含み、導入直後は適した水質を保つ。大型のスイレンでなければ、ソイルは鉢栽培にも用

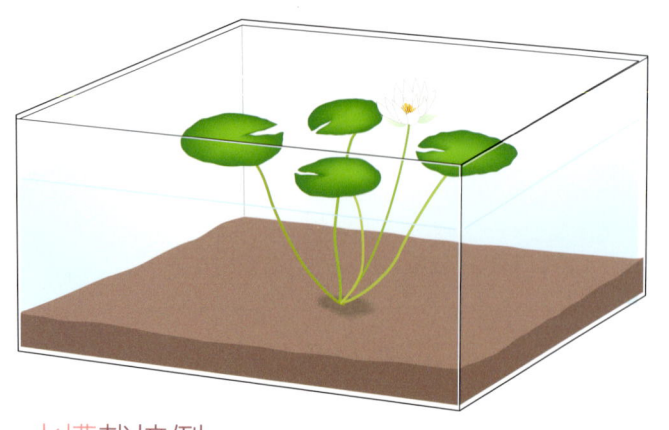

水槽栽培例

いることができる。株が浮く場合、その上に水質を変えないような砂利を敷いて重しにする。

水生植物の肥料は、陸上の植物に比べて非常に気を使う必要がある。閉鎖された環境にある栽培水への影響が高いからである。特に有機性の肥料は水を腐らせる要因になりやすい。高価だが、アクアリウム用の肥料が使いやすい。

🌱 植えつけ

耐寒（温帯）性スイレンの植えつけの時期は、店頭に並び始める時期が目安となる。早ければ3月末ごろから店頭に並び始めるが、だいたい4月から5月が適した時期である。植えつけは成長が鈍る秋～冬期を除けば可能だが、花期以降に行うと、花が咲くのは翌年になる。

これに対し熱帯性スイレンの植えつけは、屋外では5月下旬から6月が適している。熱帯性スイレンの多くは、20℃以上の安定した水温が成長に必要なので、植えつけ時期が早くても、遅くても、うまく花を咲かせることができない。

購入した株は用土ごと、植木鉢に移す。ここで肥料を鉢の底に入れておくことが肝要である。容器の水深は夏場の温度が高い場合はより深くすると、水温の急上昇を防ぐことができる。

スイレンの栽培

🌸 病気

　浮葉や花（柄）にアブラムシなどの虫がつきやすく、葉ごと取り除くか、花が咲いている時期は市販の薬で駆除する。根茎が腐らないように水の通りに注意し、水換えも行う。腐った部分は変色しているので、その部分を取り除く。

園芸種ドーベン（P.37）のムカゴ

🌸 越冬

　熱帯性スイレンは屋外で越冬することはできず、保温が必要である。耐寒（温帯）性スイレンは、用土まで凍らなければ、水面に氷が張っても生きており、容器の水深を深くし、日当たりのよいところに置けば、越冬できる。

🌸 スイレンを殖やす

　一部の熱帯性スイレンには、葉脇に小さな幼株（ムカゴ）をつくるものがある。ムカゴを使うと比較的簡単にスイレンを殖やす楽しみを味わえる。

　ムカゴは葉が2、3枚になると、根が出る。根が伸びてきたら植えられるが、株は大きいほうが植えたあとの栽培が楽である。株自体は浮きやすいので、植えつけに注意する。根付くまでは浅水のほうがよい。

ニンファエア ロータス（P.52）の水中葉。タイガーロータス レッドの名で知られ、アクアリウムで栽培されている

🍃 水槽栽培について

スイレンを上からだけではなく、横からも観賞することができる。屋内では照明設備が必要で、水草育成用のライトを用いる。浮葉を観賞するには、吊り下げ式のライトが適している。炭酸ガスの添加を施したほうが、よい結果が得られる。

アクアリウムでの栽培に適したスイレンは主に熱帯性スイレンで、熱帯魚ショップで入手できる。熱帯性スイレンは大型になるので、植え替えや大きい葉をトリミングし、水槽の中で株の大きさを調節する。

アクアリウム用のスイレンは葉の観賞が主だが、小型種は花を楽しむこともできる。

種子に秘められた知恵

ムカゴからスイレンを殖やす方法を紹介したが、全てのスイレンがムカゴをつくるわけではない。スイレンは自然界ではもっぱら種子で殖える。

そのスイレンの小さな種子に、スイレンが種を遠くで発芽させる知恵をみることができる。

スイレンの花が咲き終わると、萼片が伸長する。そして、伸長した萼片に包み込みこまれて、水中に沈む。水の中で熟した果実の中には多数の小さな種子が入っている。この果実が崩れると、水中に放出される。放出された直後の種子は、水によく浮き漂流する。また、動物や鳥に付着すれば、遠くへ運ばれる。種子は、1日程度水に浸ると浮力のある外皮が腐り、水に沈む。

スイレンは交配種が盛んに作られてきた。交配種を作り出すためには、種子で殖やす方法が一般的である。拡散しないように、種子が水中に放出される前に、ネットなどを被せておく。種子が小さいため、出荷できる株を大量に生産するには手間がかかる。最近では、組織培養も盛んに行われている。

種子を得るために、ネットをかけている

スイレンの種子。種子ははじめ水に浮くが、1日程度で沈むようになる

索引

(在)：スイレン科在来種
(他)：その他の浮葉植物
(同)：スイレン・浮葉植物と
　　　同所で見られる水生植物
(園)：園芸スイレン
(海)：海外原産のスイレン

太字：メイン掲載種の名
細字：類似種の名や別名
太数字：図鑑解説頁
細数字：文中や写真のみ紹介した頁

ア行

アカウキクサ（同）　49
アギナシ（同）　**28**
アサザ（他）　**27**
アトラクション（園）　**40**
アフター グロー（園）　**35**
アマゾンオオオニバス（海）　**56**
アルバード グリーンバーグ（園）　**35**
アンタレス（園）　**49**
アンドレアナ（園）　**35**
イザベラ プリング（園）　**38**
イスラモラダ（園）　**33、38**、55
イボクサ（同）　**39**
インナー ライト（園）　**50**
ウォーターポピー（他）　**29**
ウォーターレタス（同）　47
ウッズ ブルーゴッデス（園）　**42**
ウリュウコウホネ（在）　**17**
エゾコウホネ（在）　16
エゾノヒツジグサ（在）　8、9
エゾベニヒツジグサ（在）　4、**10、11**
エベリン ランディング（園）　**37**
エル ドラド（園）　**37**
エレクトラ（園）　**48**
オオアカウキクサ（同）　**49**
大賀ハス（他）　22
オオフサモ（同）　**20**
オグラコウホネ（在）　**19**

オゼコウホネ（在）　**16**
オニバス（在）　**12、13**
オニビシ（他）　**31**
オモダカ（同）　**28**

カ行

ガガブタ（他）　**28**
ガマ（同）　**43**
カンガレイ（同）　**43**
喜心（園）　33、**39**
キンギョモ（他）　26
キング オブ サイアム（園）　**44**
キング オブ ザ ブルース（園）　**38**
クイーン オブ サイアム（園）　**44**
グリーン スモーク（園）　**36**
クリント ブライアント（園）　**36**
クワイ（同）　28
コウホネ（在）　3、**14、15**
コオニビシ（他）　31
コロラド（園）　**42**

サ行

サイコクヒメコウホネ（在）　**18**
サイジョウコウホネ（在）　**20**
サジオモダカ（同）　**11**
ジェネラル パーシング（園）　**45**
シマイボクサ（同）　39
シモツケコウホネ（在）　**21**
ジュノー（園）　**47**
ジュンサイ（他）　6、**24、25**
スギナモ（同）　**17**
スター オブ サイアム（園）　**45**
スター ティバンティ（園）　**46**
スノー ボール（園）　**50**
セントルイス（園）　**46**

タ行

タイガーロータス（海）　52、61
タイワンコウホネ（在）　19
ダスティン ホリエ（園）　**46**

63

タチモ（同）**20**
ティナ（園）**38**
ディレクター G.T. ムーア（園）**44**
デンジソウ（同）**39**
トウビシ（他）31
ドウベニアナ（園）**40**
トチカガミ（他）**26**
ドーベン（園）**37**、**61**
トレイル ブレザー（園）**43**

ナ行
ナガレコウホネ（在）21
ナン クワック パープル（園）**48**
ナンゴクデンジソウ（同）39
ニンファエア オキシペタラ（海）**54**
ニムファエア カペンシス
　var. ザンジバリエンシス'ロゼア'（海）**51**
ニンファエア ギガンティア（海）**53**
ニンファエア ギガンティア
　'アルバートデレスタング'（園）**50**
ニンファエア コロラタ（海）**51**
ニンファエア スルフレア（海）**53**
ニンファエア ミクランタ（海）**55**
ニンファエア メキシカーナ（海）**55**
ニンファエア ロータス（海）**52**、**61**
ネムロコウホネ 16
ノタヌキモ（同）**30**

ハ行
ハゴロモモ（他）**26**
ハス（他）**22**、**23**
ハナガガブタ（他）28
パメラ（園）**50**
パラグアイオオオニバス（海）**57**
ヒシ（他）**30**
ヒシモドキ（他）31
ヒツジグサ（在）**3**、**4**、**5**、**6**、**7**、**8**、**9**
ヒメコウホネ（在）**18**
ヒメシロアザサ（他）**27**
ヒメスイレン（園）**34**
ヒメビシ（他）31
ヒルムシロ（他）**31**
ピンク ゴッデス（園）**48**

ピンク パール（園）**41**
ピンク プラッター（園）**41**
フサジュンサイ（他）26
プライド オブ カリフォルニア（園）**33**、**47**
ブルー ビューティ（園）**37**
ベニオグラコウホネ（在）**19**
ベニコウホネ（在）14、15
ヘラオモダカ（同）**29**
ペンシルバニア（園）37
ボタンウキクサ（同）**47**
ホテイアオイ（同）**45**
ホワイト ゴッデス（園）**48**
ホワイト ディライト（園）**42**
ホワイト パール（園）**43**

マ行
マイアミ ローズ（園）**41**
マリアセア アルビーダ（園）**6**、**34**
マリアセア クロマティラ（園）**34**
マルバオモダカ（同）**29**
ミズキンバイ（同）**25**
ミズスギナ（同）17
ミズドクサ（同）**17**
みずの森（園）**41**
ミズヒナゲシ（他）**29**
ミズユキノシタ（同）**25**
ミセス G.H. プリンス（園）**40**
ミセス G.L. ヒッチコック（園）**44**
ミツガシワ（同）**11**
紫式部（園）**40**
ムーン ビーム（園）**46**

ヤ・ラ行
ヤマトミクリ（同）**30**
ラビットイヤー ロータス（海）54
レイデケリ ロゼア（園）**35**
レオパルデス（園）**39**
レッド フレア（園）**49**
ローラ フレイス（園）**42**